I0706434

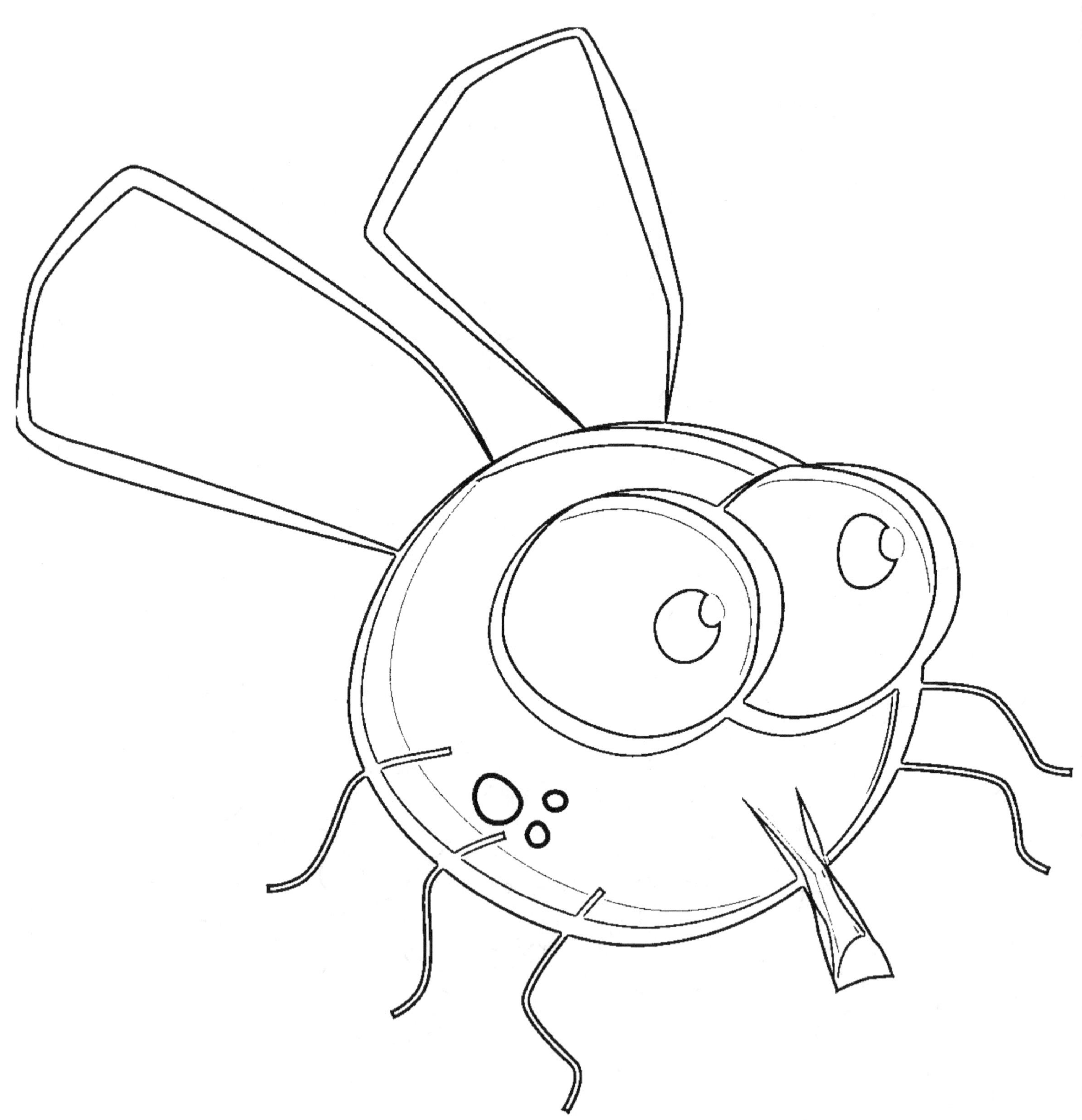

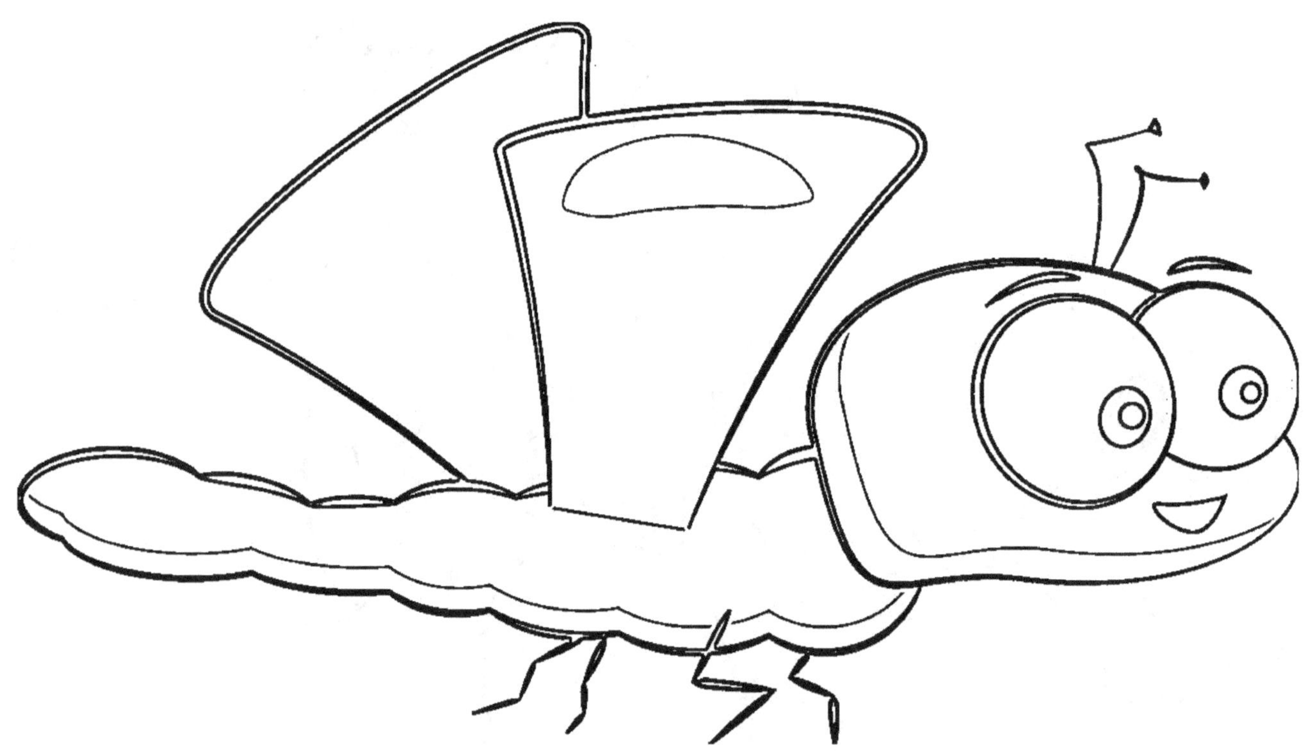

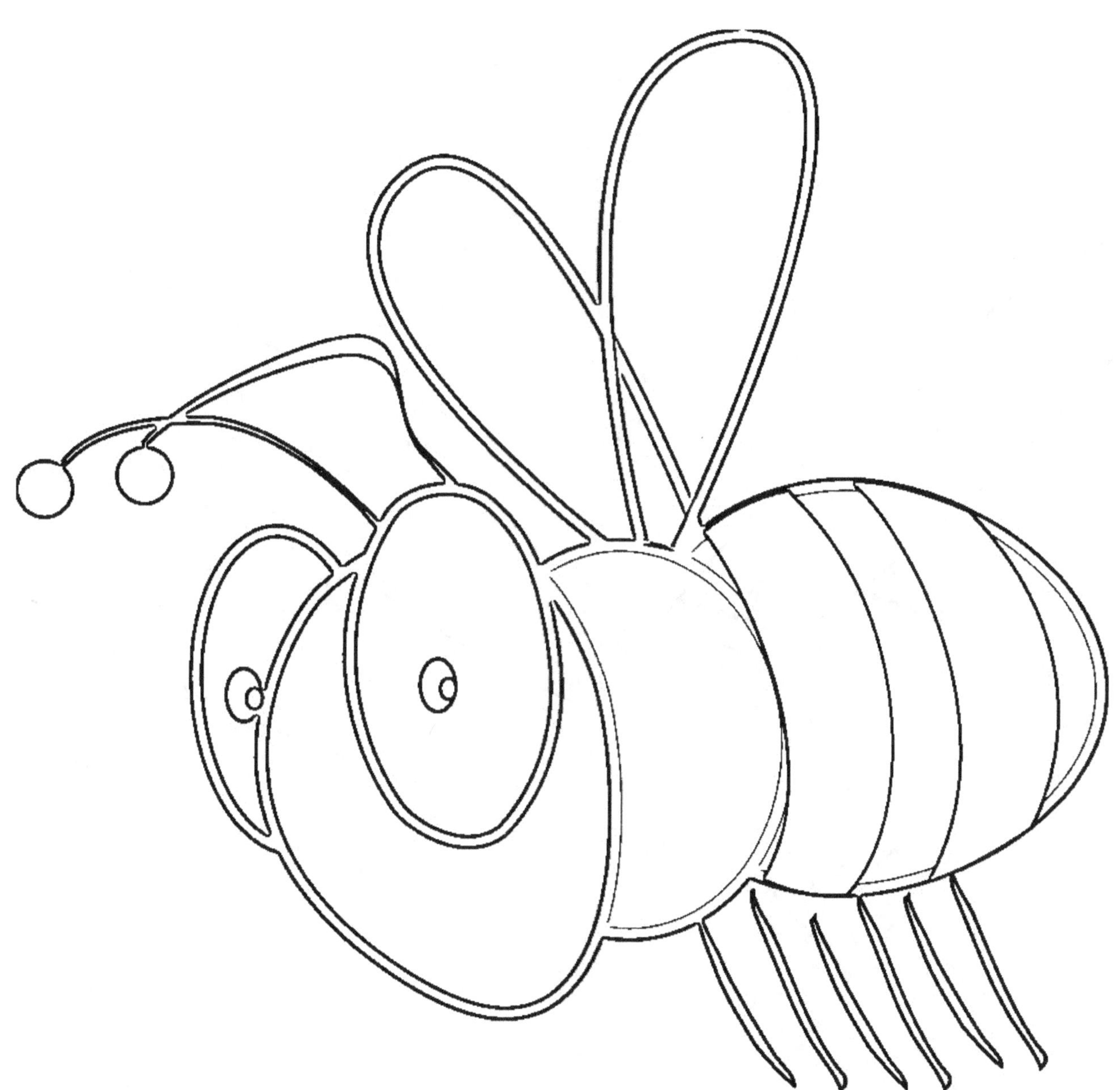

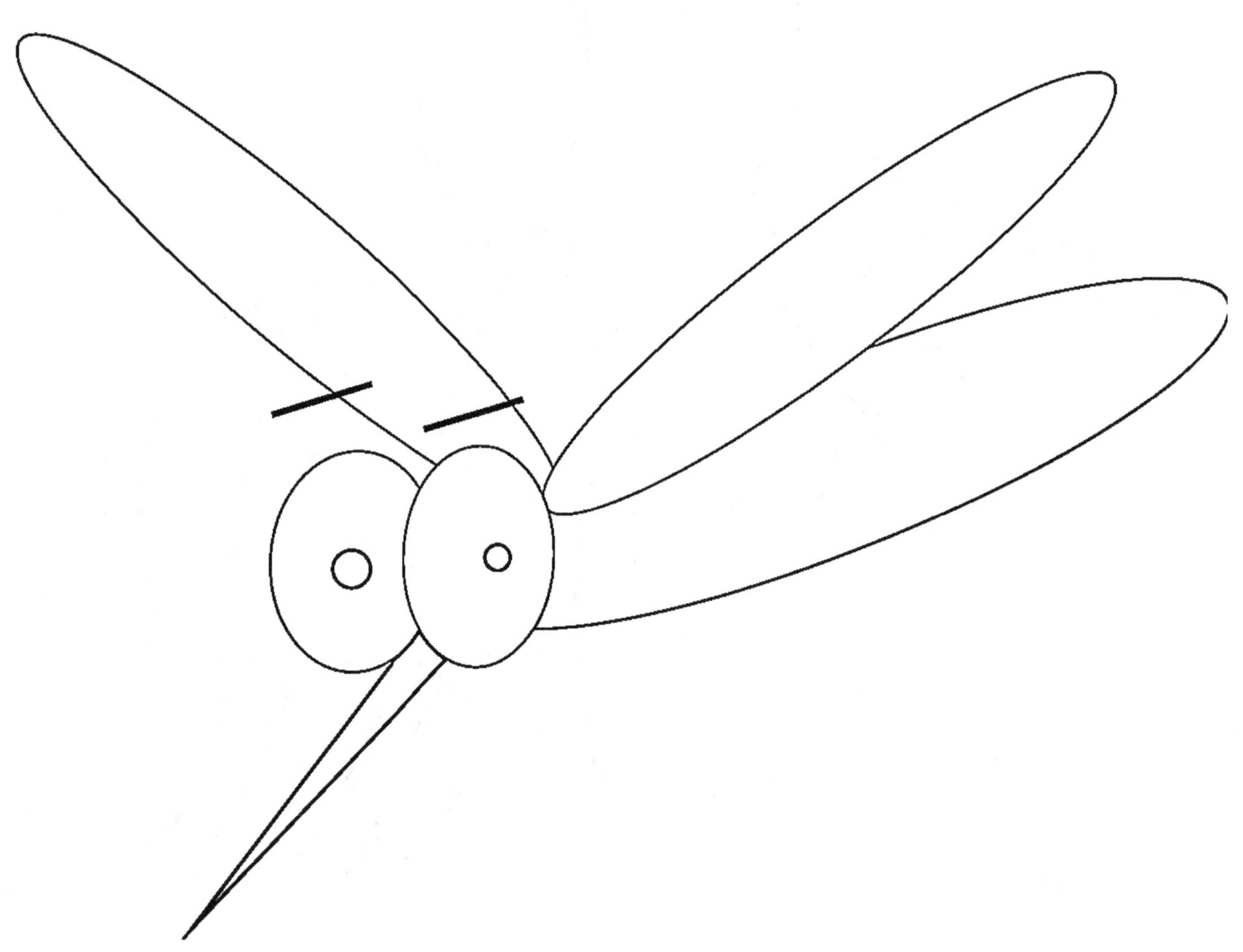

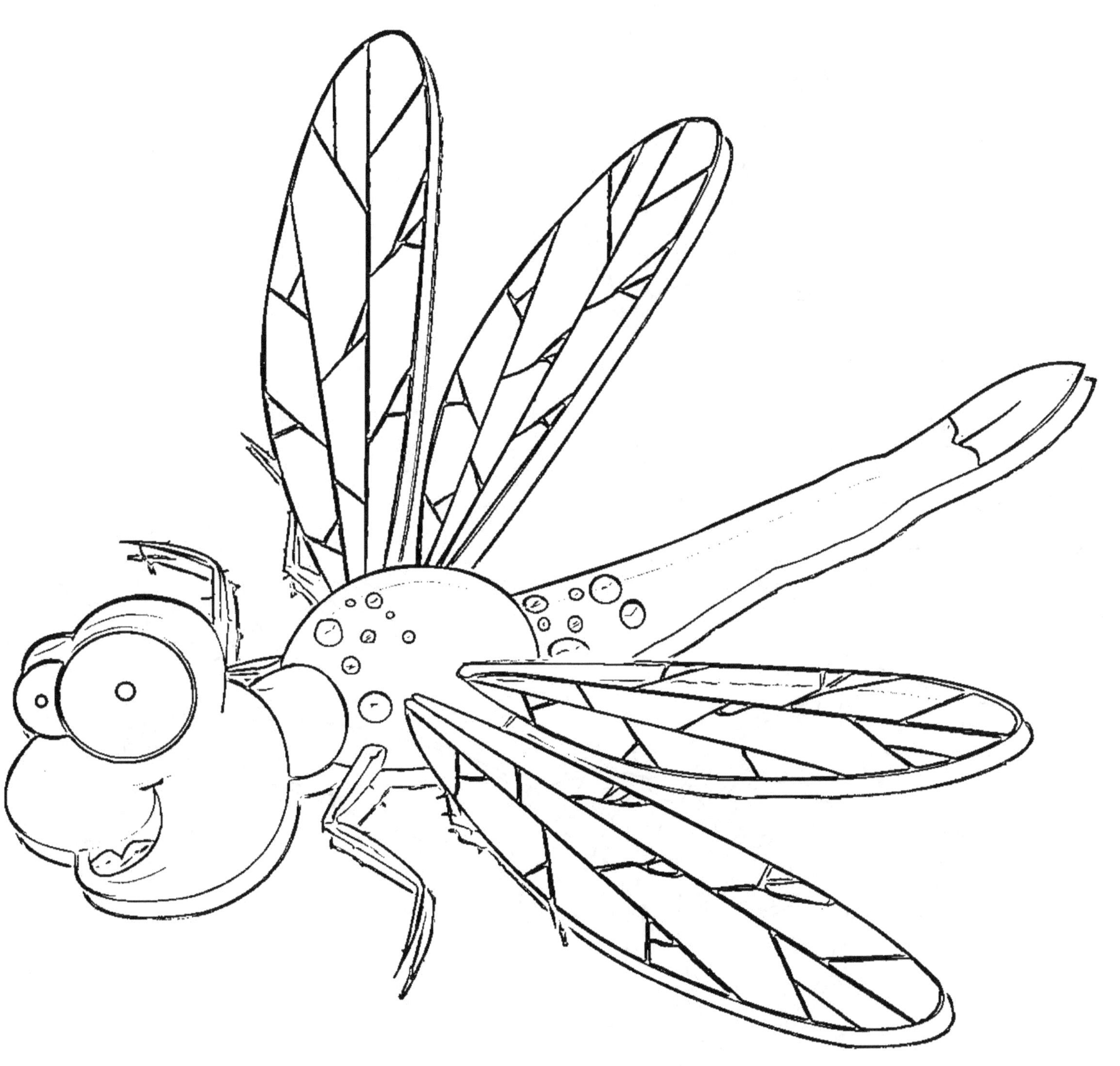

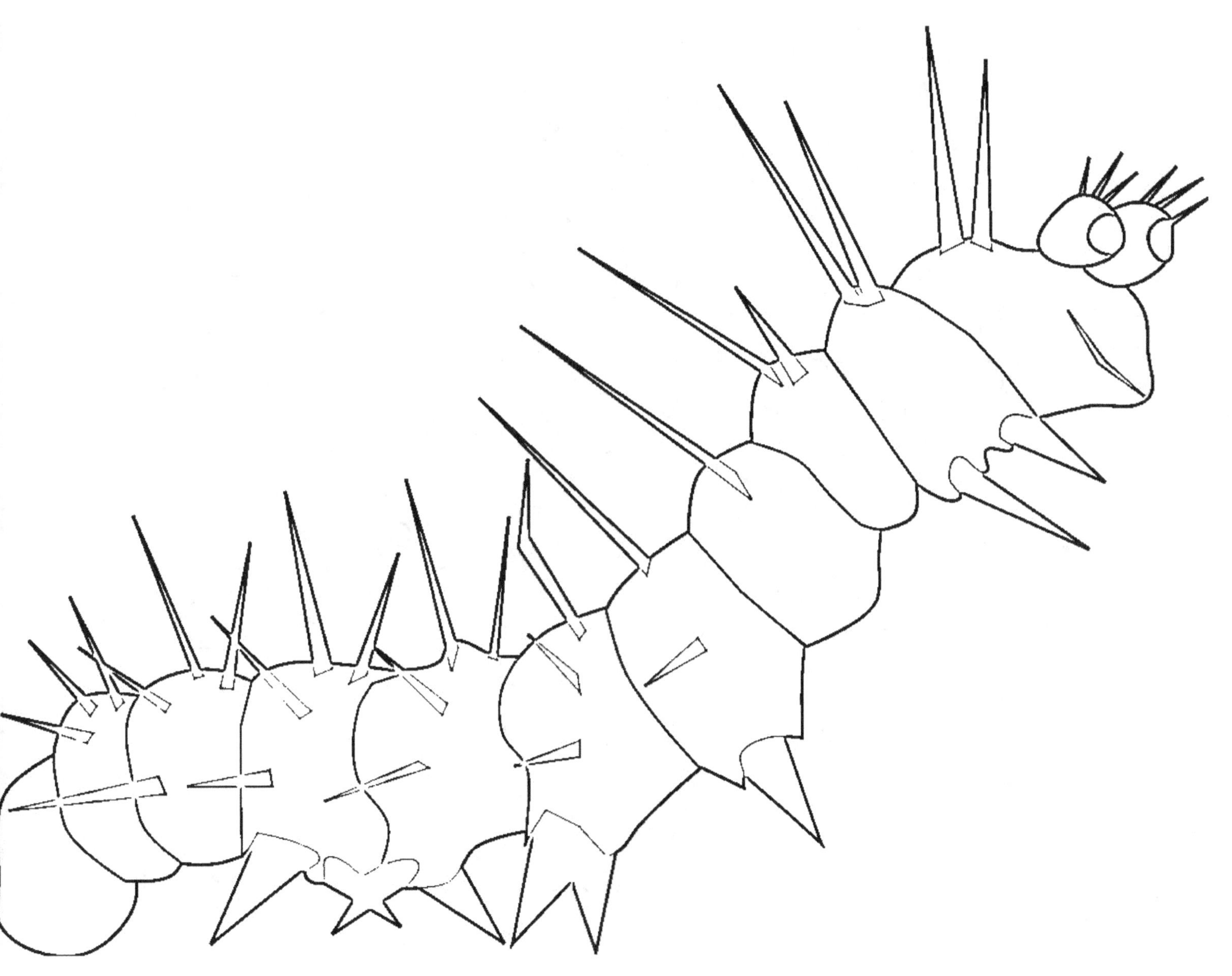

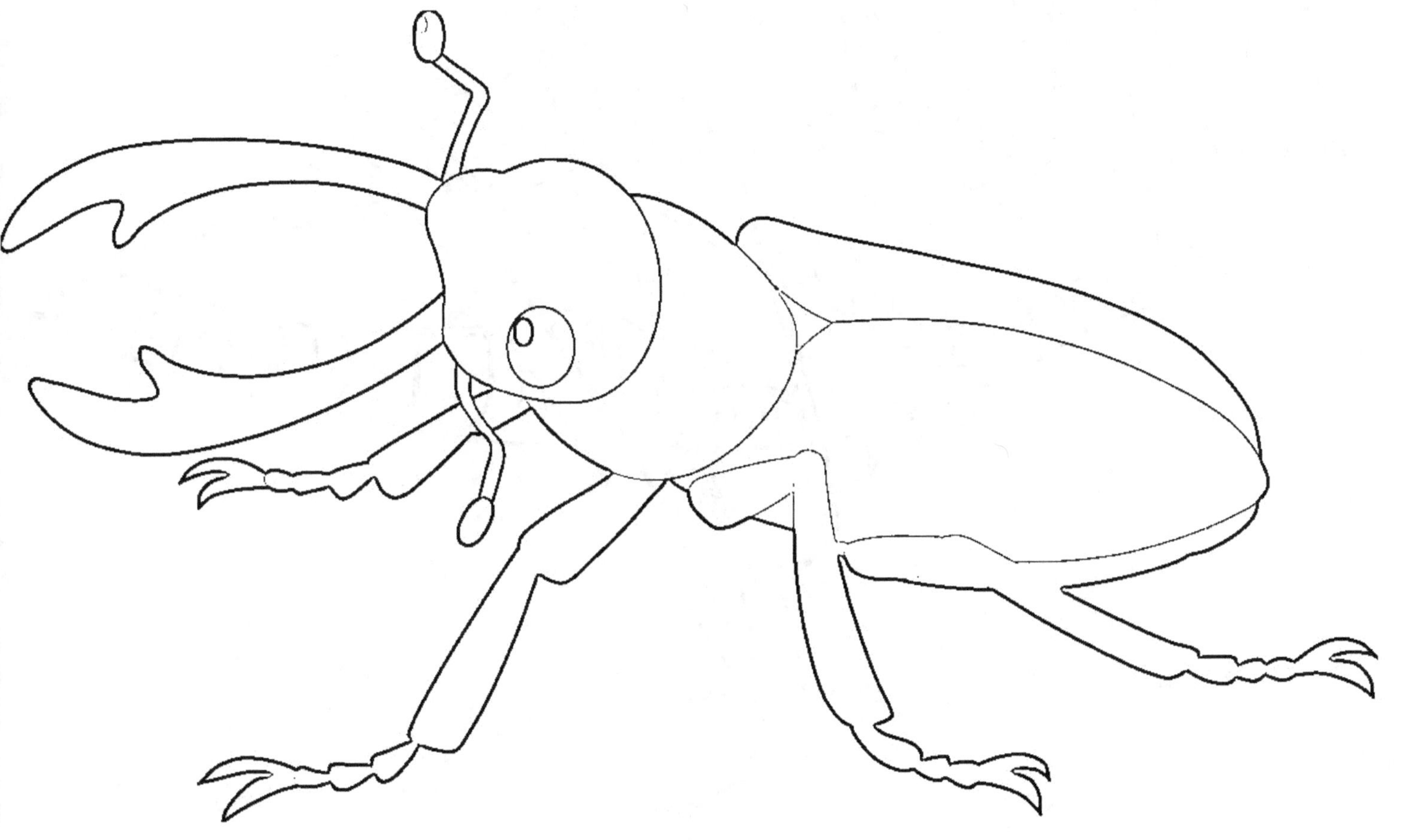

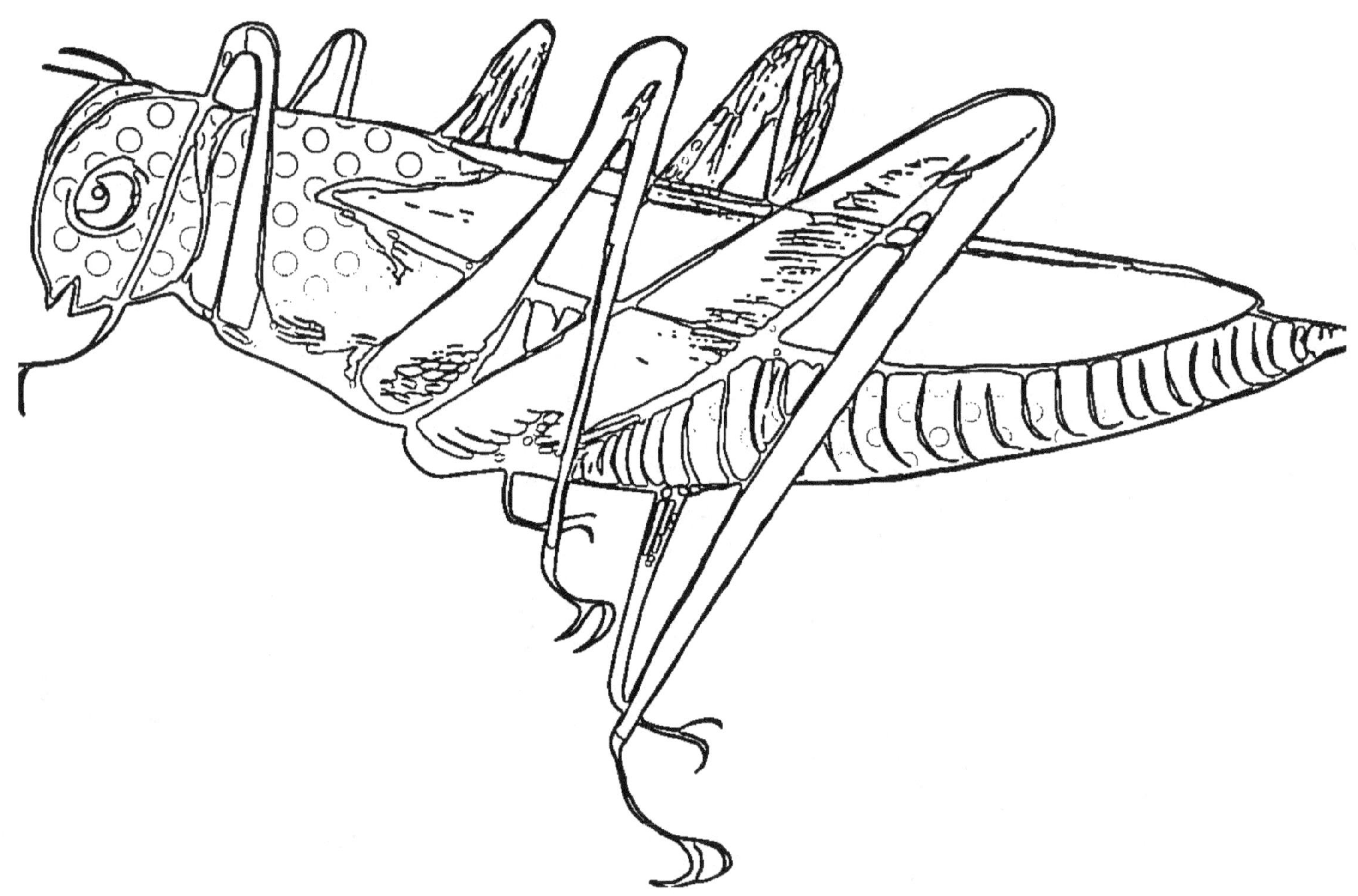

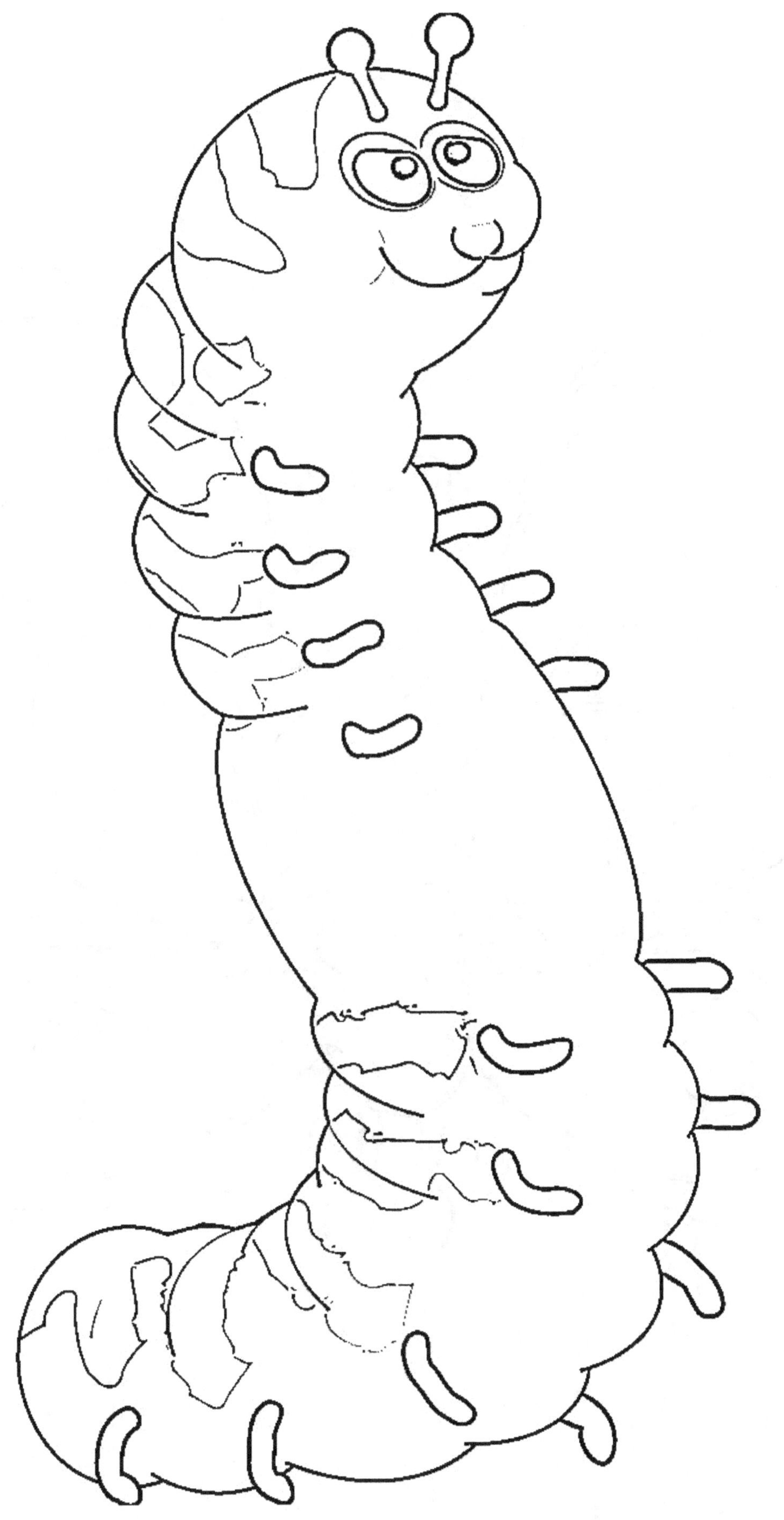

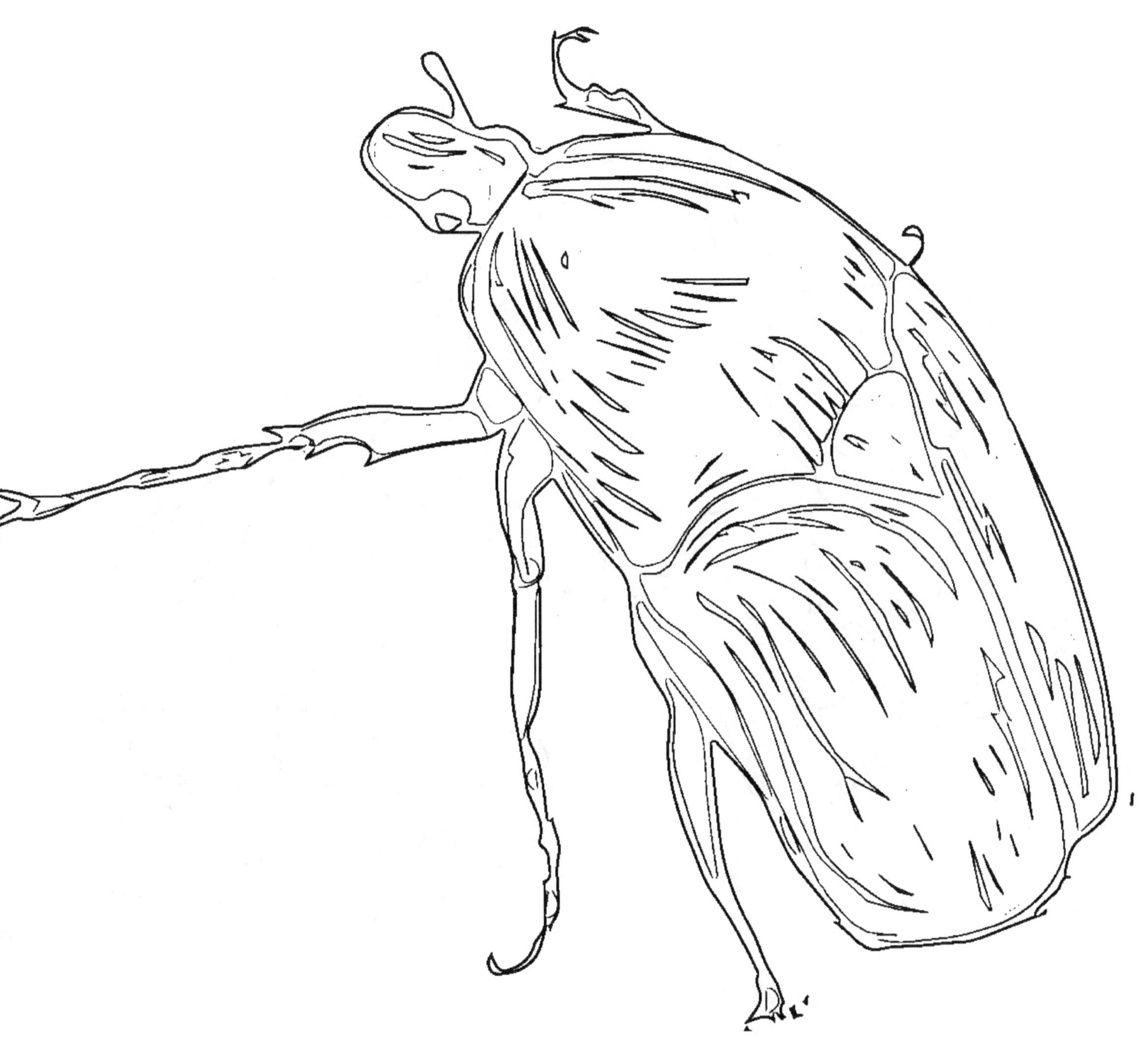